PIEL INFINITA

Fernando Daniel Granado

PIEL INFINITA

2018-2023

Vision Libros

© Obra: Piel infinita

Primera edición: Noviembre, 2024

© Autor: Fernando Daniel Granado

ISBN: 978-84-129340-0-7
Depósito Legal: M-25259-2024

© Editado por VISION LIBROS www.visionlibros.com

Gestión, promoción y distribución: Grupo Editor Vision Net S.L.
C./ San Ildefonso 17, local, 28012 Madrid. España.
Tlf: 0034 91 3117696 // Email: pedidos@visionnet.es
www.visionnet-libros.com

Disponible en las principales librerias.

Las opiniones expresadas en este trabajo son exclusivas del autor. No reflejan necesaria-mente las opiniones del editor, que queda eximido de cualquier responsabilidad derivada de las mismas.

PREFACIO DEL AUTOR

Este libro de poemas quiere hacer notar, que la vida y la muerte, el mundo y sus afanes, las gentes que se cruzan con nosotros..., son como *una infinita piel* **que nos recubre y va conformando nuestra existencia.**

Quiero abrir este poemario con el texto que escribí hace ya más de tres años, el día en que mi esposa Laura y sus cuatro amigas que iban juntas a pasar unos dias de descanso a la playa viajando en coche, tuvieron en los alrededores de Córdoba un gravisimo accidente, que terminó con mi esposa en la Uci del hospital Reina Sofia de la capital cordobesa..., y con el fallecimiento de sus cuatro compañeras de viaje.

A ellas quiero dedicar este poemario...

Un agradecimiento especial al equipo de intensivos del hospital Reina Sofia, en especial a la doctora Carmen de la Fuente, y a todo el grupo de enfermería, que rescataron para nuestra familia la vida de Laura.

En reconocimiento por la fabulosa labor asistencial de la Sanidad Publica de nuestro país, que tantos quisieran ver desaparecer y que estamos defendiendo con uñas y dientes.

8

DEDICATORIAS ESPECIALES

EN UN SEGUNDO

Para Adela, Pilar, Marisol y Pilar.
In memoriam (+21.06.21)

En un segundo, la vida
se gana o se pierde.
En un momento la piel herida
se eriza y estremece.

Tan solo en un instante el horizonte
se borra en los ojos,
se agolpa en las venas,
se quiebran los huesos
y el dolor se borda en los labios
con un rictus sorpresivo
que inunda de improviso la mente.

En tan solo un segundo todo cambia.
Y en un instante se torna tu suerte.

En un momento la esperanza
se aferra al pecho y agita
el aire que vibra pleno de ansias,
el futuro concentra su luz
y juega al ajedrez poniendo
en jaque mate al sentido...

Rozando en tan solo un clic
el tan temido desastre
o la victoria frente a la muerte.

En tan solo un segundo el cosmos
conspira en contra o a favor
y tiñe de lágrimas las pupilas
o enardece la carne llenando
las horas de sueños y fiebres.

El tiempo se estrecha en un latido.
En un suspiro te abraza la sonrisa.
En un aliento, gira la noria...

Como agua entre los dedos se escurre...
Es tan breve, tan rápido, tan breve...

CICATRIZ

A mi bien amada compañera, Laura, que tanta cicatriz es,
en su lucha permanente por la vida.

Te recorre una extensa y ancha cicatriz
tu pierna dolorida, antes siempre andarina,
en tantos caminos que recorrías cada jornada...
En tu cabeza que daba vueltas y más vueltas,
atareada permanentemente, se ha instalado
una enorme señal que te recuerda los golpes
recibidos. La vida, como accidente cotidiano,
va dejando las secuelas de todos los sucesos,
de preocupaciones que a cada hora se amontonan.
En la espalda, en el cuello, en el brazo... Vas por entero
llena de marcas que son memoria del dolor,
un inacabado poema tatuado en la piel
para no olvidar que **somos cicatriz**,
que los años van dejando marcadas las huellas
de cada sufrimiento, de todos los desvelos...

También dejan señales las esperanzas y alegrías,
los días de mar y sol, los besos, las risas y los abrazos...

Pero ya sabes, corazón, como decía El Principito
que lo esencial es invisible a los ojos.

PRÓLOGO

Pepe Suárez Jardón

PRÓLOGO

En estas breves líneas voy a intentar reflejar la sensación que me produjo la lectura de este poemario, en el que Fernando nos dirige a un universo donde los sentimientos y las percepciones de la existencia están muy presentes entre los versos, todos y cada uno de ellos impregnados de lo esencial para poder comprender el hecho de vivir sintiendo o de sentir viviendo cada día, con nuestras cargas, con nuestros sueños, con cada situación vivida a través de la piel, la piel como órgano receptor de sensaciones externas e internas, la piel como hilo conductor entre lo sensitivo y lo existencial, la piel como conjunto de sensibilidades y de emociones, esa piel que da nombre al libro y representa la misma infinita puerta de entrada y de salida a la propia existencia.

Hablar de Fernando es hablar de poesía, porque su vida misma es un espejo donde se refleja la imagen del poeta humano que contempla la existencia con una mirada muy especial, su vida se mueve a través del mundo espiritual y el mundo onírico, dos espacios donde felizmente el poeta creció rodeado de lecturas que su hermana mayor Pilar leía para toda la familia, autores como Julio Verne, Louis Marie Alcott, Emilio Salgari, o Robert L. Stevenson formaron parte del bagaje literario con el que nuestro autor se fue nutriendo en sus primeros años infantiles y fue, precisamente, en esa niñez perfumada de aromas literarios donde Fernando con once años cayó rendido ante el hechizo de "La Odisea" y la "Ilíada", algo que lo impulsó de alguna manera siendo adolescente a escribir sus primeros poemas bajo el influjo de autores como Miguel Hernández, León Felipe, Gabriel Celaya o Blas de Otero.

Pasaron los años, mientras la misma vida lo fue obligando de algún modo a dejar la escritura creativa para centrarse más en otros ambientes sociales y laborales; si bien su paso por estas diferentes ocupaciones también fueron caldo de cultivo para afianzar en él una mirada social y política comprometida con el ser humano.

En ese tránsito como trabajador en instituciones penitenciarias y posteriormente en los diferentes hospitales conformaron en él un creciente desarrollo de una sensibilidad ante el dolor, la enfermedad o las injusticias sociales, estas realidades impactaron muy fuertemente en su condición de poeta y de ciudadano.

Así nos encontramos con un poeta eminentemente existencial, para mí de lo mejor que hoy por hoy tenemos en poesía existencial en lengua castellana, siendo además un referente en las redes sociales donde generosamente comparte su poesía.

La actividad literaria de Fernando es muy vasta y fecunda, entre sus numerosas actividades formó parte de la iniciativa de un grupo literario en Villaverde, distrito sur de Madrid, asimismo organiza y coordina diversos encuentros poético-musicales en la Asociación Cultural La Trueca de la que es cofundador y miembro desde hace más de doce años.

Tiene hasta el momento tres poemarios publicados. En 2016 apareció su primer libro "Memoria de los días", al siguiente año, en el 2017 publica "Cuando el aire quema" y en 2022 "Manual de sombras".

Con lo cual, este poemario que tenemos en la manos, "Piel infinita" supone su cuarto libro, una verdadera joya literaria donde iremos descubriendo poemas cuidadosamente escritos, con un léxico lírico culto y elegante, danzando en el verso libre la mejor y más excelsa poesía que he podido leer de estas características; una lírica honda, sensitiva, vital, plena de imágenes, que vamos hallando y que nos va llevando a atmósferas de aromas, sonidos, sabores, percepciones gustativas y emociones que nos erizan la piel por lo tangible de su presencia.

Esta profundidad poética, muy escasa hoy en día en nuestros poetas contemporáneos, es un verdadero lujo para todo lector avezado que se admira y se sorprende ante la magnificencia de cada poema.

En este poemario encontramos el dolor de la pérdida, "En un segundo, la vida// se gana o se pierde. // En un momento la piel herida// se eriza y estremece...", con estos versos el autor nos introduce en el alma de este libro, y en estos versos todos los lectores nos vemos totalmente identificados.

Por otra parte, nos encontramos con versos que nos hablan de una mirada introspectiva, de la incertidumbre de la vida, del paso del tiempo, de la finitud de los cuerpos, de la trascendencia de la existencia más allá de lo físico, del frío existencial, de la rutina asfixiante, etcétera, etcétera..., dado que cada poema nos conduce a un sinfín de sentimientos y de emociones infinitos, como lo es la piel infinita que los cobija.

Estamos, pues, y a modo de resumen, ante un poeta de "raza", su pureza poética se hace evidente entre sus versos, no estamos solamente ante un escritor cultivado y con un estilo propio, sino también y sobre todo nos encontramos ante un poeta de nacimiento, un niño asombrado por la vida misma y las cosas de la vida, un buscador eterno de la paz y de la libertad, una voz inquebrantable ante lo injusto, una mirada límpida y clara ante el hecho de ser y de estar, en definitiva, nos hallamos ante un poeta integral y auténtico y de todo esto deja constancia en cada verso de este bello poemario que sin duda alguna todos nosotros, sus más adeptos lectores, disfrutaremos y sabremos reescribir con nuestras lecturas.

Pepe Suárez Jardón

PIEL INFINITA

COMO INFINITA PIEL
(Introito)

Como una infinita piel que nos envuelve,
como un océano en el que nos sumergimos.
Como un huracán que nos domina con sus vientos,
como un gran terremoto que nos conmueve.
Así es la vida, mientras pasa el tiempo
y nos deja manejar cada uno de nuestros días.
Así, atravesamos las horas, así mientras calmamos
los dolores y curamos las heridas.
Así elaborando inconclusos proyectos,
en la fruición de los amores repentinos,
así es, como una piel infinita que nos rodea con su abrazo...

La carne se estremece y se aventura por mil caminos
y todo le afecta y todo, levemente, le pertenece...
Somos propietarios del discurrir de los segundos,
aunque no dejen su huella en la conciencia,
aunque su aroma no perfume nuestras venas.
Todo pasa en nuestra piel y en nuestra mirada.
Pero al final todo pasa..., y todo queda.
Y en el camino que se estrecha queda nuestro corazón
entrelazado contra viento y marea con todas las vidas.
Y se nos pegan a los poros, en nuestra faz, todos los sinsabores
y todas las alegrias, todos los encuentros y las despedidas.

Se incorporan a nuestro ser todas las batallas, todas las guerras...
Todo el amor y las violencias, todo el odio y todo infierno.

Toda la sed del mundo nos cercena la garganta
y todo el hambre deja secuelas en el interior...
Todo gozo y cada beso se posan en nuestros labios
y sabe la lengua a miel y a flores salinas.
Cada momento se adhiere a nuestro ser
y antes de morir lo vemos como en una vieja película,
todo se ve pasar en nuestras retinas, muy deprisa.

Recibo este vestido eterno con una mueca de dolor y una sonrisa.

Lo infinito en lo pequeño nos asalta en cada alero,
nos abruma con su perfume en medio del paseo cotidiano
entre el trabajo por vivir sin caer en el intento
y el pertinaz esfuerzo por permanecer más allá
de las crónicas del pasado y las viejas fotografías.

FDG 2024.

CUANDO LOS LIRIOS SUEÑAN

Cuando los lirios sueñan con la luz de primavera,
cuando el aire oxigena sin miedo los pulmones.
Cuando al nacer el día, la claridad
se aposenta en las pupilas
reflejando un ramillete pleno de esperanza.

Cuando al albur de los deseos encuentro las miradas
de otras gentes tan inseguras como uno mismo...

Y en ese momento de locura deseas poseer
una espada de fuego que arrase el mundo entero.
Cuando en la mente circulan los anhelos
y sueño con ser ángel sobrevolando los misterios.

Cuando, al fin del día, la tarde lentamente declina
dejándose poseer por un ejército de sombras...
Cuando la lágrima se convierte en hermana
de la sonrisa y sin saber cómo se mezclan
en una extraña mueca de tibio dolor enamorado.

Cuando el lamento se funde con las estrellas
y se iluminan los temores, cuando la luna duerme
en las aceras una soledad que no se acaba.

Cuando los labios tiemblan y no se atreven a besar,
cuando cada susurro es un gemido y cada alveolo
se inunda de un desconocido aroma de nueva vida.

Hay veces que nada es igual que antes y todo parece
un cristal derretido, una película no estrenada.

Somos una brizna de piel que transciende por encima
de infiernos y cielos, aspirando a ser dios...,
sin apenas alcanzar a ser hombre todavía.

Tiempo de pandemia 26.4.2020

EL NOMBRE DEL VIENTO

Breves notas en dulces arpegios.
Descienden en el harpa o el piano,
se elevan en la flauta y el oboe
como frío aire y centelleante fuego...

Alimento del alma, el nombre del viento.
En su quietud se aprecian los colores
de su enamorada piel, como ecos
de un inalcanzable tiempo imperecedero.

Armonía del ser. Líquido éxtasis pasajero.
Sobre las manos se posa un mañana abierto.
Anudar recuerdos a la Música y al Silencio.

Palabras torpes escritas en negro
sobre el impoluto blanco del cuaderno.

Complementarios universos.

UNA CARICIA GRIS

Como una brisa oscura y ligera,
como una caricia gris, un beso leve,
como repentino temblor del aire...

Así son los recuerdos, así las ausencias.

Una tenue mirada al interior de la piel,
anclado el latir a las venas perfumadas
de un silencio que atrapa el aliento
y quiebra el tiempo entre viejos cristales
rotos por el dolor y el perdido gozo.

Inacabable sensación de un misterio
que se esconde, de un tiempo feliz que ya pasó,
de un amor que se disipa con los años.

Solo queda una luz difusa, adormecida,
de exangüe atardecer que crepita
en medio de las entrañas de la noche.

MIRO EL RELOJ

Miro el reloj, atado en la muñeca.
Voy dejando escurrir los segundos...
Se aleja torpemente el minutero.

Futuro que está sin descubrir.
Igual hoy que ayer y siempre.
Aventura y desafío, hielo y fuego.
Apuesta arriesgada. Busco el aire
que perfume la vida de nuevo.

Sin marcha atrás. No hay atajos que lleven
al mar sin fin del ser entero.
No puedo parar el tic-tac de cada paso,
ni sueño hacer de relojero.
Mientras tanto, con torpeza, respiro.
Contemplo las estrellas al raso
y sus luces me acercan al cielo.

Tomo aliento junto al sendero.
A veces en ocultas veredas me pierdo.
Si caigo, me alzo. Descubro caminos,
sigo buscando compañeros de juegos.

No es el tiempo, aún, de ver claro.

En algún lugar espera la flor blanca del cerezo.

PUEDE SER

Para Pepe Suarez Jardón

Puede ser que al declinar el día
estemos más abiertos al misterio,
al canto, al aroma de un poema
que nos ayude a alzar el corazón
y envolverlo todo en sueños.

Puede ser, amigo, que nos vistamos de poesía,
para que la piel no sienta el frío de lo real,
para que no nos dañe nuestro reflejo
en las sombras. Para no tener miedo.

Puede ser que haya otra luz
que la que nos devuelven los espejos.

MIRARME EN EL ESPEJO

Con treinta años menos,
no sé qué extrañas locuras estaría haciendo...
Con treinta años más mis huesos descansarán
ya en la húmeda tierra, rodeados de silencio.

Todo lo sana, o lo mata, el tiempo.

En este vivir desguarnecido,
en este diario desasimiento,
no puedo dejar volar el frágil
pensamiento hacia lo que no es...

Pasado no vivido, futuro inconcreto...

En este presente monótono y espeso,
hay belleza que la retina percibe
y queda inconsciente en mi cerebro.

Hoy, entre sudores, me empapa lo real.
Se adhiere a la piel el aire caliente y seco.
En este verano, tan presente,
nada especial anhelo.

Si acaso, darme cuenta de este lento acontecer,
de este latido, de cada brizna de luz.

Darme cuenta del aire que respiro,
tomar conciencia de las presencias
que me rodean en el curso de mis horas.

Saber acertar en las miradas,
lograr cantos nuevos con las palabras,
escuchar el nombre del viento.

Con treinta años más, con treinta años menos...
Tengo la edad que tengo, no me quejo.
Aún puedo mirarme con ternura en el espejo.

DE RETALES

Visto de retales, heredo las camisas.

Compro los foulards en mercadillos,
los jerséis tienen muchos años,
uso los zapatos hasta romperse…
Todo está gastado, todo.

La vida son retales que juntamos, sin glamour alguno,
sin lujos superfluos que adornen el destino.

Un retal de amor, un trocito de esperanza.
Un poco de gozo, una manta de lágrimas.
Una lucha hecha jirones…, un pañuelo de dolores.
Algún que otro pedazo de seda, iluminando los aciertos.

También tienen años de más los ideales…
Un resto ardiente de caricias,
una brizna sobrante de sueños…

Está tarde me puse una chaqueta de mi padre.
Me está muy grande,
siempre todo lo de mi padre,
me vino demasiado grande.

Estaba sin estrenar siquiera,
aún cosidos los bolsillos...
Desgarré las costuras.

Hay veces que es mejor romper las ataduras
y dar un nuevo uso personal a las prendas,
dar significado propio a los días...

Aunque vistamos la vida de retales.

LA PRISA EN LOS PAÑUELOS

Éramos furiosa, deliciosamente jóvenes,
sin temores, sin pausa, sin amos ni dueños.

Llego la rabia indómita y los amores,
anticipando placeres y luchas,
dolores entre las piedras de un camino infinito.

El nerviosismo de los exámenes,
el largo insomnio de las noches en vela,
los sábados de repaso, el estudio se hacía eterno.

Cambiamos de juegos y vestidos...
También cambiamos de pasiones y sueños.

Leíamos a escondidas los libros prohibidos,
comprados en la Cuesta de Moyano de estraperlo,
compartidos con la fruición que tiene todo lo nuevo.

Los poetas se asomaban tímidos e imperecederos
a nuestras abiertas carteras, inquilinos furtivos,
con los cantantes de pop, a encadenar serpientes y palomas,
a entablar locas disputas nocturnas con los luceros.

La semilla prendida del futuro
en la sangre joven y rebelde
que buscaba nuevos vientos.

Temblando las miradas, nos ardían los cuerpos.
Ensayábamos caricias buscando un rápido consuelo.

En los labios comenzó a rodar el vino
y en el corazón anidaban las viejas utopías.

Ansiábamos construir de la nada un mundo nuevo.

Todo estaba siempre por estrenar,
con la prisa anudada en los pañuelos.

ENCERRADO

Encerrado, estoy seguro en mi cubículo,
en la celda que me corresponde habito,
en esta gran colmena roja y gris
de acero, ladrillos y cemento.

En el silencio de mi cuarto, sin frío
ni calor, dejo quieta en mi pecho
una manta de agravios,
una tormenta en mi cerebro.

Asoman a las voces de la radio,
las pavorosas noticias en la noche,
los goles recibidos,
las elecciones ganadas por los monstruos,
las esperanzas que quedan en barbecho.

En la jeringuilla me espera esa insulina
que amortigua el exceso de azúcar,
lo único dulce que hoy llevo dentro.

En el reloj suena la alarma.
Es la hora, me pincho.

En el día que termina lo tengo todo hecho.

HASTA EN EL ALMA HAY ARTRITIS

Comenzar una jornada nueva, cuesta.
Cuesta tirar del cuerpo y lanzarse a consumir los días.
Como un helado amargo, como una ácida bebida.

El dolor atenaza y ralentiza los pasos.
Hasta el café cuesta prepararlo.
Hay que hacer un ejercicio de voluntad
para echarle azúcar a la vida.

Hasta los sueños más dulces hay que elaborarlos,
y el esfuerzo por alcanzar el bote con sus blancos granos,
es una aventura que se aderiza con dolores.
Hasta en el alma hay artritis.
Todo lo bello y lo bueno cuesta un mundo alcanzarlo.

Pero aquí estoy, dispuesto a la batalla,
en el camino de rozar el sol que entibia mis huesos,
de hallar la esperanza que calienta el corazón.

Y lanzarme a las calles, de arrojarme al pasar
de las horas que se arrastran en el reloj,
como flechas punzantes que me acercan al futuro.

Venablos pacientes que buscan su destino.
Como dardos que se orientan al centro de la palabra.

QUIETO RECUERDO

Para mi hermano Richi, con amor. + noviembre 2019

Inerte ausencia. Quieto recuerdo.
En el infinito mar de luces que habitas,
deslumbra tu estar anclado a lo eterno.

Un difuso canto llano se alza sin matices.
En el blanco puro de la memoria,
tenuemente se bambolean tus cabellos.

Solo nos restan tus cenizas.
Se mece el humo de tus sueños.

Ya no quedan palabras que decirnos,
y espero que estén iluminados tu pulso
y el amor que tuviste por la vida.

Más allá de las fronteras del espacio y del tiempo
espero encontrarte y poder reír contigo.
Rescatar tu mirada entre tanto silencio.

Nosotros, aquí seguimos, atados a la carne.
Aturdidos en un océano de deseos.

MONASTERIO DE AUSENCIAS

Camino líquido de piedra
donde se detienen las miradas.
Solo el mudo susurro del aire,
la dulce cadencia del agua...

Sinfonía de silencios, luz de atardecer
que se va aposentado en el alma.
Pregunta serena que queda flotando.

Los pies cansados no agotan la quieta presencia
que un poco más allá siempre nos aguarda.

Camino de verde piedra y agua.
El sol se esconde en los álamos,
refrescan las rocas sus alargadas sombras.

Nostalgia de amores y ayeres
que van cubriendo de años su estampa.

La luz se hace oración, al caer la tarde,
cuando en los claustros se derrama.

Un pálido reflejo del cielo, en la piedra resbala.
Los albos cabellos de Dios se bañan,
el amor escurre su espuma blanca.

Cae en la roca esmeralda su cabellera de plata.
Mientras se peina, Dios tiembla y se hace palabra.

Queda muda la lengua de siglos pasados...
En los arcos del tiempo, inerte, descansa.
¡Silencio!. Contempla la estancia y calla...

Camino de piedra y agua, monasterio de ausencias.
Donde la quietud es un canto que todo lo abarca.

Verano 2019. En el Monasterio de Piedra. Zaragoza .

LLUEVEN GOTAS DE SANGRE

Revolotean negras plumas de ángeles caídos.

Descienden, tiñendo el aire, sobre el grano de los trigos,
para enterrar el amargor de su fruto en las hogazas,
para que hagamos un oscuro pan sobre los fuegos.

Gotas de sangre llueven en el recuerdo.

Derramándose las vidas en la impoluta pérdida
de su breve tiempo anochecido.
Un pañuelo de ausencias agita los deseos.

Un agrio alimento nutre los sentidos.
El daño en las abiertas heridas
se cubre con un tul de terciopelo negro.

Nos aguarda un destello de claridad suave...
Sutil, en el fragor callado del dolor y el sufrimiento...

En el mar de pasados siglos, sargazo eterno,
se agitan nerviosas las robóticas miradas,
prendidas de nuestras ateridas almas de acero.

ABIERTA HERIDA

Soy herida que mana en mi silencio.

Llaga abierta por donde entra la luz,

grieta dolorosa, incisión, desgarradura.

Estamos abiertos al riesgo y al gozo del encuentro.

Solo así mi yo se reconoce en ti...

Y somos nosotros... Y nos vemos.

Cicatriz sin curar que palpita con cada suspiro.

Fuego que se reconoce en la llama del amor.

Dolor que crece con el pulso de mí ser.

Y en la noche, en la hendidura, crece un destello...

OTOÑO MUDO

A los cuidadores de enfermos de Alzheimer.

El tiempo diluye cada segundo
encharcando de silencio las calles.
En las largas tardes de otoño
se estiran lentamente las horas,
como si no existiese el aire.

Y quedan en suspenso los deseos,
y se enquistan las miradas,
todo parece estar enmarcado.

Otoño mudo tras los cristales.

Una estampa vieja de calendario
se adueña de los parados relojes.
En nuestros ojos se fija la instantánea.
Paz muerta por los siglos de los siglos.

Incierta presencia en la piel,
leves huellas, heridas de amor.
Aromas de un ayer que anida
en nuestro pecho sin temor,
enredándose en la carne cansada,
quedándose a vivir sin rubor,
encuentran un hueco en nuestra alma.

Espera infinita que se apropia
del aliento cerrando los labios,
dejando a un lado las risas y lágrimas.

Vacío en la conciencia que deja abierto
un hueco polvoriento a los recuerdos.
Columpiándose indolentes en la mente
se hacen inquilinos morosos de la memoria.

Monotonía sin cantos ni acentos.
Planicie gris. Frío en los estantes.

Sombras y brillos vienen y van,
revueltos y borrosos se confunden.
Anuncios breves, suspiros en la nada.

COMO SIEMPRE TU ROSTRO

Como siempre tu rostro y tu mirar
asaltan por sorpresa a mis pupilas.
Como siempre te haces pregunta,
y te ofreces como respuesta.

Irresistible, como el aire que respiro.
Ineludible apertura pura al infinito.

Tu ser, distinto, tan distinto al mío
y tan igual a mi rostro, seguramente.
Presencia evidente en mis latidos.

Leve inseguridad de tu belleza
escondida en las sombras de mi piel,
alumbrando las luces de tu piel herida.

Perfumada aventura que transforma
el oxígeno que quema y vivifica.

Eres tú, y tú, y tú también...,
y eres todos los tus cotidianos
y nuevos con quien me encuentro.

Misteriosa revelación de las presencias...
Anidan en el alma que anhela el absoluto.

Presencias como signos del sorprendente ser,
complementario otro, que eres en mi destino.
Llamada a ser más allá de mi mismo.

Totalmente otro, me pierdo y me encuentro
en el fondo de tu canto, me reconozco
otro de ti, inerme, desnudo y frágil.

Perdido, cuando nado en tus marinas,
en las espumosas olas abandonadas
de tu ausencia..., cuando miro solo.
Ante ti siempre siento temor y temblor.

Y siempre en el borde de tu abismo,
junto a tu infinita piel, me fascino.

Sólo cuando miro, cuando solo me veo a mi mismo...
Vivo en el espejo de tu agua cuando te miro...

Eucaristía de rostros, promesas y miradas.
Como flecha que se adentra en el futuro de los abrazos.

Sin máscaras que oculten el corazón y la palabra.

UN VERSO EN LAS MEJILLAS

Con los poros abiertos, la piel lanzada
al futuro de penas y alegrías.
En el instante breve, en el eterno suspiro.
Con el pulso encadenado al alambre
en que paseo, por los precipicios
del aire espeso que respiro.

La vida nos atropella y compromete.
Con el latido recurrente, con el aullido
que nos empuja a un sendero desconocido.
Cada hora que consumo la descubro
como un álbum de futuros recuerdos
para que en los abrazos que nos faltan,
recobremos el aliento compartido.

Una laboriosa colmena de esfuerzos.
Un hormiguero repleto de trabajos,
buscando el alimento imprescindible
de la esperanza que nos sorprende
en cada esquina de los resecos caminos.

Nuestra historia se compone de la salina mirada
y del roce amoroso de unos labios
entrelazados en besos y palabras.

La vida es un verso en las mejillas
de aquellos que nos aman,
un poema que depositar en el rostro compañero.
Un verbo enamorado del tiempo que discurre
entre el llanto del aire ardiente,
cuando indefensos nacemos,
y la lágrima en las rosas y maderos
de un adiós que llega sin remedio.

Cuaderno de los días, que escribimos.

LIQUIDA PRESENCIA

Esta fina lluvia, tan necesaria, que todo lo empapa.
Húmeda melancolía que se fija en las entrañas.
Agua que da vida, agua que aturde el corazón.

Duelen los huesos aunque la lluvia se haga esperanza.

Liquida presencia de un futuro
parido como siempre con sufrimiento,
grano en tierra que muere y renace.

En la conciencia se instala un silencio extraño,
preludio de tormentas, anuncio de cosechas.

Ahora no se ven los brotes que saldrán
con fuerza en medio de estas horas tan vacías,
pero en la memoria transitan retoños verdes
que siempre vuelven, que siempre nos arrastran.

Fina lluvia que se encharca,
que limpia las aceras,
que aclara el aire que respiro.

Agua para un mañana seco y duro.
Agua para beber en el desierto,
de esta muerte lenta que siempre nos acompaña.

LA DULCE RUTINA

El cansancio que se acumula.
La sensación de vacío, el frío
que casi eriza la piel...

El humo del cigarrillo eleva sus volutas
bailando sus espirales hacia el techo.

Lento acontecer de mil cosas siempre iguales.
Vestido de monotonía aguardo la noche.
Vuelvo a escribir poniendo sobre el teclado
este desapasionado vivir de otoño.

Los minutos que se consumen despacio,
la emisora de radio cantando los goles...
Acaba el día y la cena aguarda sobre la mesa.

Y tú, tan quieta, esperando, leyendo tranquila.
Abriendo la senda, con la mirada perfumada.

Aún queda tiempo para escuchar el canto,
el susurro casi inaudible del viento.
De contemplar desde la ventana
el débil resplandor de las estrellas.

El sueño conseguirá barrer por unas horas
esa brisa oscura que cada día se pega a la piel
y se enrosca como serpiente en torno a la mente.

Luz de anochecer que se aventura tras los cristales.

La dulce rutina escribe sin pausa sus renglones.

EL CANTO NERVIOSO DEL MIRLO

Un silencio breve, brillante y espeso...
Amaina la tormenta, el pulso se restablece.
Las calles resplandecen con luz difusa y cegadora.
Una niebla callada envuelve su ser de agua y viento.

Mi piel y la tuya cercanas y alerta.
Mi ser entero, tenso, en proyecto.

El canto nervioso del mirlo, blanco de nieve,
que se atreve a trinar su frío en el alero...

Las infantiles risas, los ladridos de un perro...
Las sirenas que ululan buscando el camino
hacia la urgencia desconocida, hacia la prisa
por llegar pronto, más allá del seguro puerto.

La vida en suspenso, se encarama a los abetos,
se rompen las ramas abatidas por el peso
de esta acumulada letanía
de helados agravios y lamentos.

En la esquina de un banco, en los soportales...,
se refugian los que ya nada buscan
ni esperan en este largo invierno.

Una blanquecina tarde despertando del letargo.
Un dolor dormido, tibiamente se despereza.

Tratando de vivir, latiendo despacio el corazón,
soñando de nuevo con el sol que derrita la helada
que furiosamente oprime, siempre, los sentimientos.

COMO ERRANTES ALMAS

Sin sonrisas, sin abrazos, perdidos en la distancia.
Cansados y sin fuerzas, mermadas en la fiebre,
atrapadas en el ardor incomprensible de los miedos.

Como errantes almas en el arenal reseco de los temores.

Ojalá las flores vistieran los llantos de colores
y el sol pasease sus llamas en nuestras cabelleras,
en nuestras miradas reflejando una luz
que ahora se oculta entre las penas.

En la fría humedad enferma de nuestra
desesperanza no acertamos a caminar,
con la sensación de estar rodeados
por las amargas retamas, sin descubrir los senderos
que nos acercan al hermano humillado y dolorido.

Alondras mudas, las alas rotas y sin saber volar...
Hay veces que el barro del presente se hace espeso.

Cuando las tormentas se hacen
rayos de odio y truenos de rabia,
cuando la cobardía nos encierra
y no buscamos juntos la salida,
cuando el laberinto se puebla de angustia
y desdibuja nuestros pasos...

La Nada se aproxima y la Muerte vence...
Minotauro gana la partida.

Si los besos y el fulgor de las miradas
no se hacen encuentro y no restauran
en nuestro horizonte la pasión amorosa,
el latido enamorado que aliente
nuestras venas con renovada esperanza...

Si el amor y la alegría no danzan en los labios,
Si somos piedra lentamente atormentada
y el duro corazón no late...

Pero un día más, la noche, se hace destello
en la aurora y como maravillosas gemas
germinan las flores en los desiertos.

Y volverán a agitar el viento
las blancas plumas de los ángeles.

DOLCE FAR NIENTE

Son casi las siete de la tarde.
Calor que enlentece la mente...
Trinan los mirlos y gorriones
y la autopista vomita caliente acero.

Sudor de esperas en el tiempo que se estira
como caramelo gastado, insípido y ya superfluo.
Y no aparece la brisa que calme
el ardor en nuestros vacíos infiernos.

Son casi las siete. Y la vida parada se derrite...,
son las siete y el reloj se funde en las paredes.
En nuestros refugios se inundan los minutos
de un *dolce far niente* que atrapa los sentidos.

Son las siete de la tarde de un indolente desprecio.
Las revueltas aguas del océano
se siguen llenando de muertos.

EN BARBECHO

Desarmado y sin palabras.
Con la esperanza en barbecho.
En mis labios se hielan las sonrisas,
las flores no adornan ya nuestros pechos.

Acaricio el cristal fundido de la memoria,
herida en busca de los más bellos recuerdos.

Releo antiguos poemas, rebusco en los cuadernos.
Expuesto a esta sinrazón en que nos movemos.
El gen del desamparo transmite sus miedos.

Y tengo nostalgia de la luz que se fue,
añoro millones de estrellas en el cielo.
Bailando sin remedio en medio del vacío,
sin encontrar la imagen ni el sonido,
roto el ritmo por el desaliento.

Atravieso páramos, pasajes resecos.
Oceánicos silencios asolan el tiempo presente,
ineludibles desastres se asoman al futuro.

Millones de víctimas siembran su dolor,
se cubren las olas con sus gritos,
riegan de sangre los desiertos.

Y aunque sabemos que no es el camino,
nos asomamos a un mundo arrasado,
continuamos caminando sin destino,
rumbo a un inmenso cementerio.

La luna duerme en el agua, aúlla el viento.
Estamos todos perdidos e indefensos.

EN ESTE ARDOR DE ESPADAS

Duele el ruido, siempre presente, siempre lacerante.
Parece que nunca hay nada nuevo
en nuestro ser a contracorriente.

Hace tiempo desnudábamos nuestra
pobreza en los raidos pantalones,
en los descosidos de la esperanza.

Ahora, aquí estamos, sin flores que perfumen
nuestro permanecer quietos y callados
en este ardor de espadas con filos congelados...

Vemos pasar una ansiada felicidad
que nunca se araña.

El moho se resguarda
en lo extraño de nuestras miradas.
Queremos tener un latir
acompasado a las urgencias...
Y se empañan las gafas
con lágrimas truncadas.

Necesito que me digas, Señor,
entre las brumas de la infancia,
si estos veintiún siglos de miserias se acabarán,
si se diluirán en la extensa nada las angustias.

El tic-tac sonoro de la historia
deja su sello sangriento
y llena de tristeza a los más pobres
en todos los pueblos.

Necesito saber si la luz y el perfume
de lilas blancas inundará la primavera.

Si el frescor de los abrazos será el manto
en que revestir la piel enamorada,
si estamos aún a tiempo, de cantar al amor.

Necesito poder mirarme en otros ojos
y encontrar la paz.

Tengo necesidad de reconocerte
al despertar la aurora
y saber que esta vez sí,
esta vez se exiliarán los dolores
y quedaran las noches en vela
fuera de nuestra memoria.

Quiero sentir un poco más
cerca el sabor de la victoria
tras perder siempre todo
en más de mil batallas.

QUIZÁ EN EL ESPEJO

Que me hará vibrar de nuevo...
Ni el dinero, ni las cosas, ni los halagos...
No me alzarán, no me elevan al cielo.

Con que sonidos despertaré de nuevo...
Ni la radio, ni las sirenas de ambulancias...
Sólo anuncian desgracias sin consuelo.

Con que letras mis ojos se humedecerán...
Ni ensayos, ni novelas, ni esos delicados versos
que me hablan de inalcanzables sueños.

Con qué sabores dejaré a un lado los amargos momentos...
Ni pasteles, ni zumos o helados de atractivos colores,
nada colma el hambre de sentido, nada cubre mis huecos.

Quizá en un descuido descubra tu sonrisa...
Y su infinita luz reflejándose en el espejo.

GEPPETTO

Perfilar los sueños con las manos,
construir alegrías y crear universos.

Ser carpinteros de la esperanza.
Soñar que todo es en la vida
como un juguete recién pintado.

Dar a luz al niño que llevamos dentro.

TODO ARDE

Un tiempo de desiertos, en el que todo arde.
Necesitamos el agua fresca, la necesitamos
como el aire que aspiramos veinte veces por minuto.

Estamos en la sequedad más alarmante,
en el pedregal reseco de las conciencias.
Y vemos pasar el tiempo con indolencia.

Nada duele más que el silencio constante.
Todo arde hasta que las llamas nos alcancen.

Necesitamos un sorbo de esperanza,
un trago húmedo de alegría que nos despierte.
Un nuevo amanecer, un aguacero que empape
los corazones y esponje las miradas.

Para que nazcan ríos de humanidad
que apaguen los fuegos que nos consumen.

Todo arde. Todo arde. Todo arde...

VUELVO A LA INFANCIA

Recurrentemente vuelvo a la infancia,
esos tiempos de escasez y despreocupación...
De juegos y de inocencia, de sueños y esperanzas.

Y según crecíamos, de alguna que otra
pelea, como una batalla que se perdía.
De deberes por la tarde, de ropa reciclada,
donde se marcaban los huesos y el hambre,
del frío invernal y las meriendas
de pan tostado con sal y mantequilla...

Recurrentemente me vuelve a la memoria
el rostro sonriente y esforzado de mi madre,
cantando con pasión sus boleros y coplas
mientras limpiaba todo en la cocina.

Cada vez que me asomo al pasado, ya tan lejano,
contemplo a mi padre, nervioso y agotado.
Ya no le culpo como hasta hace pocos años...
Él también fue dolorida víctima de su tiempo.

Tiempos difíciles para una numerosa familia.
Dicen que cualquier tiempo pasado fue mejor.
Pero no fue fácil construir un hogar para cinco hijos.

Agradezco todo el amor que nos fue entregado,
y reconozco el sacrificio abnegado de mis padres.

Y recuerdo los colores de los sábados al mediodía...
cuando después del trabajo volvía a casa mi padre
con un ramo en las manos de blancas lilas.

Y la mirada iluminada de mi madre cuando las cogía
y sobre el aparador las ponía en un jarrón con agua fría.

Las tensiones se transformaban en alegría,
y ese instante valía para redimir todos los gritos,
todos los reproches que surgían de la necesidad
de hallar un poco de luz entre las sombras,
en medio de una dura y apretada vida.

BLANCA ESPUMA

La mar incansable agita su oleaje
con el viejo fragor de cien mil siglos.

En el borde arenoso de la playa
solo aspiro a que me besen los pies
sus frías salinas de blanca espuma.

Níveo centellear de la historia
que me anuda al pulso de la vida.

Marina brisa redentora del polvo del camino.

RESURRECCIÓN DE LA LUZ

Repleto de ceniza, que antes fuera fuego,
esperando la resurrección de la luz.
Acudo al manantial infinito del alba,
del sol que nos visita cada jornada.

Beber del agua iluminada,
refrescar los dolores con gotas de luz,
renovar en su cauce la mirada.

Esperar la caricia, estar atentos al canto,
escuchar las notas serenas de la vida...
Un mirlo se asoma tímido a mi ventana.

Y volver a encender las maderas y las cañas,
que la carne apure el tiempo perdido,
el tiempo que queda tras las lágrimas.
Ser llama de amor que se consume,
dejar subir al cielo las chispas.

Granos de luz roja en las nubes bailan.
Un fulgor estremecido quiebra los silencios.

Agotar suavemente los rescoldos,
dar refugio seguro al corazón amigo,
al tierno encuentro de las entrañas.

El aire susurra en los cristales,
su sangre de viento se derrama.

Luz siempre acompañada de luces,
camino abierto, tras tanta sombra,
al rayo interminable del mañana.

TU PIEL Y LA MIA

Tengo frío por las noches,
cuando en mi cuarto, cierro
agotado y soñoliento, mi cuaderno.

Enciendo ávidamente un último cigarrillo,
tan amargo e innecesario como el primero.

Un breve sorbo de agua en la cocina
para despedirme de mis desiertos.

Un día casi igual a los otros,
sin nada aparentemente sorprendente.
Sin esperar nada más que pase el tiempo
y me venza el cansancio del cuerpo.

Entro en la cama arropándome en el abandono
de mis rutinas, recostando mi cabeza y mi mente
en el sopor de la conciencia, almohada
de olvidos en que reposo mis cabellos.
Leve deshacerse de angustias y deseos.
Humo de las horas, escombros sin proyectos.

Estás dormida a mi lado, respiras lento.

No hay lugar para nada que no sea apagar la luz,

sólo nos habita un sordo silencio.

Tu piel y la mía se buscan en invierno.

BALADA VACÍA

La noche es una canción emborrachada de silencios.

Transcurren las horas amordazando los ojos,
atándolos a un irreconocible sueño.

Al clarear, en el umbral de la aurora,
se descubren los recuerdos
de una realidad que nunca fue.

Se igualan utopías y pesadillas.
Sólo son vagas señales
de una balada vacía.

Versos truncados sin salir
del alcohol de los tinteros.

NEGACIÓN

Amaneció y el cuerpo
se negaba a reconocerlo.
El dolor se agarraba a las sábanas
con la fruición de un mal sueño.

Estaba rodeado de palabras
y solo amaba la soledad.
En el remolino de la mente
solo se escuchaba a sí mismo.

Encendió la pantalla...,
y apagó la conciencia.

RESCATANDO CARICIAS

Crónicas de un tiempo oscuro inundan los ojos
de un ciego resplandor que abrasa las miradas.

Dar cuerda al mundo con el canto de un pájaro
que bate sus alas, iridiscente colibrí menesteroso,
libando el polen de frescas flores
en cada rincón, azúcar de almas.

La miseria necesita el son de manos que laboran
músicas, que van tejiendo un manto de esperanza.
Cada hora marca el aroma espeso
de los gritos de gente que se desangra.

Alhajas de misterios bordan de azul turquesa
los bordes inquietos del dolor arracimado,
en la pobreza que a todos nos acompaña.

Espero el soplo leve de una brisa de alborada,
perfumes de futuro en la piel estremecida.

Que se quiebren las angustias, rescatando caricias,
para todos aquellos que con la piel rota
nunca triunfan, nunca tienen ni esperan nada...

CREPITA ENTRE LA NIEVE

El rumor de un oleaje de datos inunda las páginas
de las largas crónicas, relatando fracasos,
añorando un futuro sin estrenar, cargado
de musicales cantos que anuncien algo nuevo.

La esperanza es fresca claridad en los infiernos.

En el hogar se queman los viejos maderos.
Al amor de sus lumbres maduran nuestros anhelos.
Hilos de luz tejen, con parsimonia, sedas de sueños.

En los calientes corazones se derrite la escarcha,
calman sus aguas la sed de años venideros.
Un rayo enciende colores bailando en los aleros.

La espera mereció la pena.
La pena mereció el encuentro.
Temor y temblor se besan con descuido,
firman la paz aunando esfuerzos.

Los insomnes ojos se visten de pétalos.
Tiritan las farolas, en las aceras heladas,
sus frágiles sombras de invierno.

Crepita entre la nieve el blanco de los silencios.

PIEL DE VIENTO

En la punta de la lengua,
en el filo de los labios,
en las yemas de los dedos...,
cada día las caricias tiemblan,
y los poemas duelen.

Ambos son afilados puñales de deseo,
temor y gozo quebrando la conciencia.

Aria evocando sueños.
Dañada presencia que no se olvida.

Besos y versos son dagas que se adentran
con premura en el alma, desnudándola.

Sinfonía clara en la faz herida.
Inquieta piel de viento que susurra
en mis esquinas su canto trémulo.

En esta guerra por vivir, infinita,
el amor y la belleza son relámpagos
de luz que nos dejan indefensos.

TRAS LAS CORTINAS.

Extranjero de mi mismo,
deambulo por mis internos océanos,
por mis olvidados desiertos.

Busco en la sal y en la arena,
en los posos de sentimientos,
el sabor y el calor para llevar
dentro de mi dolorida mirada.

Atenta, cada día, al pasar del tiempo.

Tomo en mis manos el viejo llavero,
para no olvidar abrir todas las puertas
del palacio de cristal oscuro
en el que desvisto las horas
que atraviesan mi fría piel,
para no cerrarla a los encuentros.

En este espacio de mi refugio,
en el que oculto mis cansancios,
respiro músicas, inhalo vientos
de nostalgias y bellos recuerdos.

En este restringido recoveco de indolencia,

recibo el salario escaso de una luz,

siempre tamizada por mis miedos.

Tras las cortinas blancas,

que cierran la vista de un mundo incierto,

contemplo la rota imagen,

desconocida, del universo.

En las livianas telas de mi debilidad,

en su aire frágil, me columpio.

Detrás de su tenue sombra,

inútilmente, me defiendo.

BAILA LA LUZ

Sobre el blanco almendro baila la luz
su ser transparente, alma de viento.

Se asocia en las flores el perfume
del tiempo, su canto de silencios.

Un tímido despertar en la claridad
de todos los abandonados sueños.

Hoy me siento henchido de vida,
aún sabiéndome tan pequeño...

NOCTURNO SILENCIO

Nocturno silencio. Mudo canto en las ventanas.

Espera tensa en el deseo de que estalle la primavera.
Las luces de la ciudad a lo lejos parpadean.
Estiramos el tiempo como a un chicle que sin sabor
alarga las rutinas, por si algo nuevo nos ocurriera.

Se van apagando los luceros, caen en el sueño,
quietud con el eco al fondo de la radio,
arrastrando incesantemente las noticias
por no pararse a escuchar nuestras pobrezas.

Viaje por las ondas, siempre buscando
entretener nuestra vieja costumbre
de no dejar que los sonidos abran
al mundo la palabra y la conciencia.

Está todo parado. Pero el reloj se adelanta y no tropieza.

Surcos de infinito se dibujan, avanzan en su esfera.
Mientras dormimos nuestros miedos y esperanzas...

El tiempo baila en el aire de cristal,
danza en la brillante piel de las estrellas.

VESTIRNOS DE ESCARCHA

Blanda mañana de indolencia,
jugar en la nieve, hacer muñecos
como en los tiempos de la infancia.

Renovar la antigua ilusión perdida,
restañar las heridas de la inocencia.

Colgar las miradas de las barandillas
congeladas. Reír parando el tiempo.

Poder pintar ángeles en la nieve.
Vestirnos con ternura de escarcha.

En la piel una sonrisa helada y franca,
creyendo estar batiendo al blanco aire
las viejas alas, desplegada de nuevo la esperanza.

COMO EL INCIENSO

Las horas se abalanzan sobre mi costado,
van una tras otra, sumando atardeceres.

En torno al desasosiego de un mundo agotado
se acumulan en la retina viejas imágenes,
un montón de despedidas y algún grato recuerdo.

Arrojado al tiempo, transito por caminos cerrados.
Como ángel exiliado en la arena del destierro.

En un recorrido inútil y vital, hacia un olvidado paraíso
que nunca volverá más allá del mito o del sueño.

El tiempo no existe, solo es donde me pierdo...

Atado a la tierra con un cordel de firmes anhelos.
Lanzado al desierto sin aspirar ningún otro perfume
que el de la sombra de primavera en los almendros.

Estamos en un sendero sin más salida que el adiós...
Al acabarse, la luz inundará de eternidad nuestros huesos.

Anclado en el sin saber, en el sinsabor amargo
de la fragilidad perecedera que corre por las venas,
cubriendo el rostro de ayeres, ensortijando
de nostalgias y heridas la mente y los cabellos.

Busco una canción que entonar para borrar los silencios.
Y no puedo más que asumir que esto nuestro
es una colección de enfermedades y desechos.

Que los errores nos cercan y nuestros monstruos vencen.
Los horrores de este mundo roto no tienen remedio.

Ya no existe solución. La pesadilla no acaba aún...
La belleza sólo es una perdida sonrisa de niño
mirando tras los cristales, unas flores en el dintel,
un fugaz mirlo negro cantando desde el alero.
Está la pintura sucia y agrietada en nuestros techos.

Vuelvo la mirada hacia adentro y afino el oído,
para escuchar un salmo breve que me eleve...

Para arriesgar, aún, los días que me queden

en encontrar la fragancia de la vida y del amor,

desde mi aquí y ahora disparando,

al obsoleto pasado y al futuro inconcreto

las flechas nerviosas de mis versos.

Espero…, que sé yo, no sé porqué, pero todavía espero.

Instante que se hace tibio vestido, azorada piel.

Canto y llanto, grisáceo humo, latido blanco

que sube presto hacia los cielos, como el incienso.

LLENA DE ARENA

Tengo mi camisa llena de arena.
El tiempo fue añadiendo un polvo fino,
del ardiente viaje por mis destierros.

Se llenaron de historias mis bolsillos
y en mi pecho anidan alondras de barro,
hechas de sudor y latidos, ya pasados.

Siento su agitado aletear de sueños
queriendo volar lejos de mi cansado cuerpo.

Mi libre corazón, se alza al viento.
Rompe el aire un aroma de promesas,
espumas de futuro se asoman atrevidas,
como un pañuelo, a la azotea de mi cuello.

Las cálidas horas que vienen besan mis ojos.
Despierta la luz de atardecer en las pupilas.

Tras la niebla del cigarrillo, surge un sol amapola,
iluminando con su musical ritmo de esperanza
los días que vienen, en la rutina agridulce
de vivir, sin esperar ya nada a cambio.

REVESTIDO DE VACIOS

Revestido de vacios, recostado en los aleros
de la maltrecha conciencia adormecida...
Quieto, paralizado ante los atardeceres siempre iguales
ya sean de primavera, verano, otoño o de invierno.
Veo pasar las nubes y el férreo sol, las lluvias
o la calima que viene del desierto...
Y siempre escucho los mismos sonidos,
la misma canción, los mismos lamentos.

Me esfuerzo al mirar por la ventana en encontrar la luz
que deshaga, para siempre, todos los hielos...
Y no poso mi mirada en los ramilletes de flores.
No reposo mis oídos en las infantiles risas
que inundan la mañana con sus juegos.

Me es imposible restaurar la esperanza
entre tantos gritos y sollozos,
entre bombas y tiroteos, en las cotidianas muertes
que encharcan todos los noticieros.

Bebo un fresco vino blanco para olvidar mi desaliento...
Me envuelve una piel infinita, ajada y marchita.

Y con desgana me refugio en mi silencio...
Si acaso, musito despacio, tímidamente, un padrenuestro.

MADRE

Quiero aunar el recuerdo difuso de tu rostro
y la voz cantarina de tus risas.
Se fueron las promesas y también un mediodía
se te fue escurriendo lentamente la vida.

Nunca conociste a mi mujer ni a mis hijas,
pero si pienso en la cercanía de tu presencia
se llena mi pecho de azucenas y de lilas.

¡Como amabas las flores!, con qué alegría
las dejabas en un jarrón y las mirabas de soslayo
recreando en tu boca un tango breve,
en los ojos acuosos una profunda mirada,
en las manos ese temblor inapreciable
con que vestías tus dedos entre las prisas.

Revolvías cacharros en la cocina,
cantando las coplas que a mí me parecían
entonces tan bellas y tan antiguas.

Hoy, empañada la memoria en los olvidos
tengo un verso que darte, un abrazo
de amor, un poema en tus mejillas.

Quiero darte mi tiempo, y rescatarte,
y oler de nuevo el dulzor de la canela,
posar mis labios rozándote el aire,
resucitar encuentros, volver a tener tu imagen
más allá del marco de una fotografía.

LOGOS EIDETIKÓS

En la red neuronal, las dendritas se acomodan
para dormir durante miles de milenios.
Mente espermática, caverna de recuerdos.
Logos atravesando el caos de la nada y sus desiertos.

Se levanta un telón uránico como gemido,
una comedia del absurdo, con renglones de esperpento.
Nebulosas llenas de zozobrantes luminarias.
Tiovivo girando sin sentido, donde nacen todos los fuegos.

En qué cuerda se anudan las presencias...
En qué dimensión, más allá de lo soñado,
más allá de lo temido o deseado...

No existe futuro ni pasado, diluidos en el *continuum*
de un espacio anclado en el polvo enamorado.
En él se bañan los seres colgados de los hilos
que Ariadna tejió en un mito ya olvidado.

En un aroma de fracasos, con rubor en las mejillas,
con nervioso temblor entre sus dedos.
En qué conexión subatómica se balancean
los no natos yos en esas otras impensables realidades.

Realidades paralelas en donde la identidad se difumina,
imágenes entrelazadas en las sombras
de un ominoso agujero negro.
Luz que se pierde en su horizonte de sucesos.

Mundos extraños en los que no existe el dolor,
ni la risa se pasea en los rostros que habitan
cada casilla de su inacabable tablero...
Hercúleos trabajos en el dintel del abismo estrecho.

Existencias quebradas subiendo una y otra vez
las empinadas colinas..., como Sísifo indefenso.
Cadenas rotas sin inquilino atado, evadido Prometeo.

Espejo de los espejos, infinito retruécano
de superpuestas creaciones, bigbang eterno.
La justicia se ausenta en un difícil equilibrio.
El desconocido amor solo es un huero concepto.

La piel del mundo se rasga en canales estrechos.

Surcando los pliegues, volando en los huecos
que nunca tuvieron densidad, exentos de materia y peso.

El olvido recubre de llagas el pensamiento.

Entrelazados planos que se cruzan sin tocarse.
En el vacío inmenso se pasean
creyendo ser únicos y verdaderos.

Océano de posibilidades, soles y galaxias danzan
en torno a un bosque de rojos sombreros.

Tal vez yo sea el sueño de quien se despierta
en una noche sin luna, en una luna sin tierra,
en un líquido espeso y quieto sin mareas,
sin este lento discurrir del tiempo.

Quizá ese alternativo yo me esté escribiendo.
Como si se tratara de un personaje entre brumas, preso.

Cosmos enrevesado en el que no se recitan versos.

HALLAR LA PAZ

Revestir nuestra piel con todos los colores.
Adornar la trémula carne con un manto de lunas.

En las manos recoger todas las estrellas
y en un ramillete pleno de alegrías
rescatar de nuestros cansancios los sueños.

Sorber hasta la última gota del agua clara
y que ilumine nuestros miedos con sus reflejos.
Elevar cien mil plegarias a lo alto de los cielos.

Tocar la cítara, levantar el canto a los vientos.

Renacer de las cenizas como el Fenix de los mitos.
Recalar en las playas de arenas blancas,
y con Naussicaä, mirar la mar, oler sus salinas.

Hallar la paz, más allá de nuestras odiseas.

ANHELOS DE INFINITO

Estamos como ángeles sin plumas en las alas.
Como heridos héroes en combate.

Aún así, en la derrota la belleza se asoma
al calendario preñando el futuro de sueños.

Volver al hospital del hogar,
donde se curan todos los gritos.
Y recomenzar de nuevo, cada día,
con el resplandor de la luz
que disipa oscuridades y sinsentidos.

Retomar la danza eterna de la vida
como si el mundo bailara
en el filo de nuestros vestidos.

Para mirar con otros ojos, sin ensuciar las pupilas
con una realidad largamente embarrada de dolores.
Como si todo el cosmos conspirase
en el empeño de nunca darnos por vencidos.

Mirar con la conciencia de que siempre es posible
alcanzar el perfume exquisito del amor,
el elixir de esperanza que abre el mañana
a la imagen renovada de un mundo desconocido.

Ajustando la nueva música a los latidos
de mujeres y hombres que aún dañados,
siempre tienen bajo su piel anhelos de infinito.

OUROBOROS

Ouroboros en su círculo de retornos, destino abierto,
quiebra la quietud y deja su poso inquieto.
Los demonios del alma se enroscan a nuestros cuerpos.
Como anillos de serpientes se retuercen los recuerdos.

Temo que antes de rozar la hermosura
nos pierda la impaciencia, al no encontrar el camino
de las baldosas amarillas, que en la hojalata oxidada
quede enredado, el corazón preso.

Que perdamos la valentía, como un desanimado león
con el rugido apagado e incruento.
Que la paja bajo el vestido nos sorprenda, ardiendo
con las ganas por vivir y nos arrase con su fuego.
No existe el mago de Oz que nos salve,
desvelándonos todos sus secretos.

En la antigua película de la vida
nos cuentan todos los cuentos.
Y en el maremágnum de discursos
me enamoro del silencio.

La noche se despierta y dibuja negras señales
que aguardan extendidas en las viejas aceras
a que amanezcan los pulmones gritando,
para vestir las calles con nuestros miedos.

Lo desconocido nos espera siempre,
siempre detrás de los espejos.

CON CANTOS DE NANA

Débilmente, ya de noche, sigue lloviznando.

El asfalto se viste de espejos verdes y amarillos.
Las luces se resbalan sobre el piso negro,
veloces autos las están atropellando.

Un rojo brillante baila el peligro en los semáforos.

Las sombras circundan los bloques de viviendas,
vestidos de un blanco manchado, teñidos de sueño.
Una quietud extraña visita mi cuerpo cansado.
Ahora tras el bullicio, sin prisas ni angustias
el agitado corazón parece latir más lento...

Ahora que los ojos se cierran, ahora que la palabra
se hace susurro, caricia escondida, gesto enamorado...
Cuando la ciudad descansa, la luna creciente arrulla
con cantos de nana a las gentes que habitan el llanto.

Horas de tregua oscura, el silencio se impone.
Una paz solemne y vigilante instaura su pacto.

LO PEQUEÑO

Hace muchos años soñaba
con hacer grandes cosas...
Buscaba triunfar, cambiar el mundo.
Conquistar infinitos imperios.

Hace ya tanto tiempo que perdí el rumbo,
y lo trivial y necesario ocupó
todo mi tiempo, todo el empeño...

Ya no recuerdo bien como eran
aquellos deseos, aquellos sueños.

La sencillez se despertó en mis ojos
como lo hermoso y lo más bello.

Y ahora busco la luz en el fondo
del agua de las miradas.
Y por fin la belleza en la piel ajada
del universo me atrapa con sus destellos.

El viento en tus blancos cabellos
ondeando alrededor de la sonrisa,
que alumbra cada una de las sombras
es todo cuanto amo, todo lo que poseo.

El futuro se sublima en tus mejillas.

Se aquieta en calma sobre tus labios,

la palabra sagrada, promesa de amor,

pronunciando la serena fidelidad,

siempre, de tu cercana presencia.

Amor en la penumbra de los rostros,

en los que juntos envejecemos.

El aire se perfuma de silencios.

Se detiene el tiempo en tu reflejo.

Alquimia de eternidad en lo pequeño.

BAILE DE LUCIÉRNAGAS

En un escorzo grácil, liviano
como gorjeo de palomas,
tenue como el rápido beso
de las sombras tras las persianas.

Así la tristeza esconde el rostro
y tiñe la esperanza cubriendo los ojos
de violeta, envolviendo toda la piel
en un rictus que adormece los dolores.

Sin espacio libre, estrechando el aire,
en el angosto canal de las lunas negras.

En una líquida ausencia envenenada...

Y cada tarde, al declinar el día
parece que no hay más destino
que el reino oscuro de la penumbra.

Y entonces acudimos a la resurrección
luminosa de una estrellada seda...
Como un arquitecto de imposibles
el universo conspira en su belleza.

En la nocturna epidermis del alma inquieta
se alumbra el confín del mundo
arropándose en un inacabable océano,
en un sorprendente baile de luciérnagas.

En su blanco destello danzan sonriendo
vestidas de tul, al raso frío de la noche,
un ejército impensable de sorpresas.

SE ESCONDE EL INFINITO

Si en la piel se esconde el infinito...

En la memoria se graban, indelebles,
cada uno de los gozos y los miedos...
En la retina se acumulan los colores,
y en el recuerdo se archivan las sombras.

Cuando los diarios escollos
y los riesgos nunca previstos
nos hieren, rompiendo la paz...
Y un sordo rumor de angustia
atenaza los pulmones.

Los muros no se derriban sin sacrificio,
y la mente gira a veces sin sentido.

Pero en nuestra historia danzan el amor
y la esperanza en un grácil tiovivo,
dando vueltas en torno a las sorpresas.
Añadiendo auroras a nuestras noches.
La vida es como un atrevido juego,
apostando por llegar a un destino
que nunca es el que hemos elegido.

Siempre la luz llega a tiempo
si en la piel se esconde el infinito.

ABRAZA LA LUZ

En la mañana la piel desnuda
abraza la luz, que suave clarea,
y despereza la tibieza del sueño.

Al alba el ser despierta de su noche,
renueva sus fuerzas y entabla
nuevas batallas por alcanzar el cielo.

Renace siempre en la aurora el empeño
por conseguir el infinito en lo pequeño.

SON ESPINAS DOLOROSAS

Las ausencias son espinas dolorosas,
mordientes arañazos en la mente.
Los recuerdos se hacen ventanas a la lágrima,
dosel de sonrisas en las añoranzas.

No hay nada, ni nadie que cubra
totalmente los rotos del corazón,
los dañados fragmentos descoloridos.
En la memoria se agolpan las imágenes,
como fotografías que revelan el pasado,
pinturas del breve instante consumido.

Pero nada devuelve el roce de las manos,
el aroma tibio de las miradas...

Nada renueva el suave olor de los cabellos,
nada nos retorna la risa y las canciones,
esa cristalina fuente de sorpresas
de los cómplices susurros,
esa fina ironía de las charlas compartidas.

El tic tac de los relojes amedrenta el alma,
las manecillas son espadas que cercenan,
afilados cuchillos punzantes atravesando el tiempo.

Como humo que se disipa, como latido quebrado...

Un mortal soplo de hielo que contrae las venas,
y en los pulmones instaura un aire de tristeza.

No hay rescate para ninguna de las pérdidas...

EL FRÁGIL TEMBLOR DEL HILO

Apenas oculto por la madeja, siendo el ovillo
su muro de defensa, atado a sus nudos,
se esconde el frágil temblor del hilo,
al temeroso resguardo del aire.
No se acerca a las finas agujas
que tejen los puños de la chaqueta...

En la calle de los sueños,
prendida a un vaso de tinto vino,
queda la torpe lengua inquieta.

En el humo de los automóviles, fábricas
y cigarrillos, el presente se oscurece.
El futuro se desvanece entre sus nieblas.

Burlándose del miedo a vivir,
se escapa de las gafas la mirada
y ataca la claridad de las tardes
que mecen su impaciencia.

Busco en las coplas el sentir
de las horas que van pasando
sin tener donde bordar un verso,
una carta que llegue al buzón,
una sonrisa de fina estampa,
una seda de ilusión donde aparcar
las rutinas que asfixian la existencia.

Brillan las pantallas demandando,
a las llamadas, una respuesta.
Suena una irónica balada de Sabina,
un "quejío" del Cigala, un bolero de Machín,
un triste tango de Gardel, Serrat canta a su Pueblo Blanco,
se cimbrea una habanera de María Dolores Pradera...

Y el mundo se hace sonora canción en que celebrar
la melodía incierta que nos viste con una piel de viento,
estando la verdad guardada entre lágrimas tras los jadeos
de una larga jornada de búsquedas, mentiras y lamentos.

Sin caricias, al aire se alzan las manos heridas,
suenan, débiles, unas palmas mortecinas.
Jaleando los intentos de encontrar un beso,
de hallar una palabra, esos esfuerzos inútiles
por escribir el texto de nuestra biografía.

Copiando en nuestro aliento el dulce sonido
de los más bellos poemas, de olvidados días.

Se tiñen las entrañas de una amarga presencia.
Un agrio sabor compartido a cerveza,
apacentando nuestros cansancios;
que ni refresca ni en verdad descansa.
Solo aplaza el dolor y nos engaña.

Un hilo de angustia y ansias espera tejer en la vida
un traje distinto, de domingos,
un traje de fiesta, un vestido de alegría.
Penélope espera, se ausenta en silencio Ariadna.

Oculto por la madeja, el hilo aguarda,
temiendo ser arrastrado por una brisa nueva
hacia la leve inseguridad de la belleza...

Nuestro hilo se enreda y en su temblor se quiebra.
En el horizonte, la luz nos quema y espanta.

Y BAILEMOS...

De ese antiguo baúl de sueños,
envejecido entre las rutinas,
de ese racimo de páginas amarillentas,
de ese oscuro almacén de olvidos...

Rescatar del polvoriento cuaderno
los poemas nunca escritos...
Renovar la fragancia añeja de los recuerdos
y darles vida como si estuvieran tus ojos abiertos.

Traer, madre, del pasado a mis noches las sonrisas,
las canciones... Las coplas, tangos y boleros.

Volver a aspirar tu perfume de blancas lilas,
hablar de cine, de historia o de mis amores,
como en aquellos días en los que
aún no había apurado todos los riesgos.

En este baile desangelado, repleto de angustias,
en estos largos y dolorosos días,
en los que la esperanza no cubre con su manto
todos los daños ni todos los miedos...

Toma en tus manos las mías,

y juntos podremos entonar ese viejo salmo

de los verdes prados en los que nada nos falte.

Aunque ya no crea en pastores ni en salvadores.

Aunque me cueste tanto rezar un padrenuestro...

Toma suavemente mis manos en las tuyas.

Toma mis manos...Y bailemos...

COMO SE ENDULZA EL CAFÉ

No tengo por costumbre lamerme las heridas.
El sol, el aire y el tiempo todo lo cicatrizan.

Y si la nostalgia envuelve mi mirada
tiendo a embellecer los recuerdos,
como se endulza el café, y se le añade leche
para que no resulte amargo y oscuro.

Trago tibio que acompaña en las tardes
las horas lentas que se acumulan en la espera
de que algo nuevo y extraordinario suceda,
o al menos intentando que pasen los momentos
de tedio y de vacío. Como hojas de calendario,
pasadas de fecha, ya demasiado vistas.

No, no tengo por costumbre reavivar los dolores.
Aguardo a que otros dolores nuevos arriben,
siempre iguales y siempre distintos...

Y entre medias me distraigo con placeres
domésticos, livianos goces, transitorios, efímeros.

La vida se compone de pequeñas pausas
de felicidad, espasmos de un existencial
orgasmo inesperado. Breves destellos.

Instantes de luz para guiarnos en las sombras.

COMO VOLÁTIL PERFUME

Como humo lanzado al viento,
que se disipa en cada pulso.
Como volátil perfume,
que excita los sentidos.
Como puñal de hielo
que corta el aire que respiras.

Así es el tiempo, que no llega
a echar raíces, que pasa breve
y no existe, atado a la piel,
solo deja sus vacíos restos
en la fragilidad estrecha de la memoria.

Ni pétalo ni espina, es ajada flor
que se borra en las pasajeras
imágenes que habitan el rincón
de los olvidos, en las retinas.

Huye, transparente, el hoy de su ayer.
Proyecta sus deseos blancos en el futuro.
Pero es pasado, sin tomar cuerpo cierto,
sólo una sombra pálida y fugaz.
Un entrecortado suspiro que se difumina.

Somos un carnal estremecimiento.

Animal de esperas y recuerdos,
anclados sin remedio a la materia.
Tempus fugit, que añora su destino.

Hojarasca que se pisa en los caminos...

SON PUÑALES

En la punta de la lengua,

en el filo de los labios,

en las yemas de los dedos...,

las caricias tiemblan,

y los poemas duelen.

Ambos son puñales

de deseo, temor y gozo

quebrando la conciencia.

Besos y versos son dagas

que se adentran con premura

en el alma, desnudándola.

El amor y la belleza son relámpagos

de luz que nos dejan indefensos.

TRAS LAS TELAS DE MI CAMISA

Avanza la mañana y se cuela la luz,
con descaro, atravesando las cortinas.
El dolor se desvanece después del café,
comienza ahora el rito de las rutinas.

No hay tiempo que perder,
no puedo pasar entre lamentos
el suave calor ni la fresca brisa.

Soy todo lo que tengo. Me aclaro
el rostro y con el agua que recorre
mi cuerpo, también despierto la sonrisa.

Un día más se balancean en el reloj
veinticuatro compañeras de viaje.
Se alojan en mi pecho, tras las telas
recién planchadas de mi camisa.

Estoy listo para el trabajo de hoy.
Para el nuevo encuentro con la vida.

A TIENTAS

Caminar a tientas por los pasillos
de la vida, como si no hubiera caminos.
Desbrozar de malas hierbas los campos.

Sembrar en los surcos miles de semillas,
dejar que mueran en la tierra, en la profunda
oscuridad, y con agua y sol se transformen
para hacer germinar algo nuevo cada día.

En la paz solitaria de mi cuarto
sepulto palabras en las horas más frías.
Espero a la madrugada para alumbrar
brotes tiernos con aromas frescos de poesía.

BUSCAR ES NECESARIO

Escribir, como se respira, por costumbre.

Porque buscar es necesario, para seguir latiendo.

Para no dejar de soñar, de reír o sentir.

Como hábito que se hace piel entre los versos.

Sin disfraces que oculten lo llorado o lo temido.

Recurrente verbo que entre las prisas te empuja

como el flujo de las olas, resaca de luz,

ancha caminata de palabras,

lugar oculto en las esquinas del amor.

Intacta hojarasca en el otoño de la vida,

que a paso lento, levemente se posa y se pisa.

Se elevan desde las ruinas del aliento,

se cuecen a fuego lento sus espigas.

Sonidos que surgen de la memoria del canto,

palabras que alumbran desplegando el fulgor

acompasado, el ritmo de sus brumas y brillos.

Hasta que exhale el definitivo de los poemas,

cuando la palabra se construya con silencios.

EN ESTE LARGO INVIERNO

Frío y brumoso tiempo en la ciudad,
anochece en las calles que se despueblan
de caminantes y gentes que vuelven
del trabajo, protegiéndose del cansancio.

Húmeda sensación del lento discurrir
de las horas, sin apenas vislumbrar sonrisas
en los rostros cabizbajos y tensos.

Escondemos tras las bufandas el agotamiento
que hace mella en nuestros cuerpos.
Olvidar los desencantos, reponer las fuerzas.
Y dejar para mañana el próximo intento...

La felicidad es como un beso que furtivamente
dábamos en los portales, pasajero.
Consumido en la ansiedad de los deseos.

Retornar a casa, refugiarse en las rutinas.
Aguardar a que llegue la hora de desconectar.
Bajo las mantas, resguardarse de un inmenso tedio.
Vivir se hace pesado en este largo invierno.

Y a pesar de todo querer seguir, esperar
que el sol vuelva a salir, beberse los minutos...
Picar algo de desasosiego para cenar,
convertir las sombras en promesas de luz...

Rescatar de las cenizas los rescoldos del asombro,
las chispas ardientes de algún perdido fuego.
Retomar el dulce sabor de los momentos
felices que pueden volver. Acariciar los sueños.

Esperar, esperar. El oficio de esperar siempre
a que otra vez amanezca en nuestras vidas...
Esperar que se renueve por entero el universo.

ANALGÉSICO POEMA

Instalado en esta lenta desidia.
Dejando pasar los días, como gotas
de agua que se escurren, blandas,
por los cristales empañados...

Torpemente entregado a la tristeza,
añorando el efímero impulso juvenil
de mi enamorada carne de primavera.

En esta ligera bruma, atado al humo
del cigarrillo que se consume en el cenicero...
Soy carcelero fiel de mis silencios.

Nostálgica diáspora de pasados sueños.
Larga ausencia de tu voz
que se enquista en la fría piel.
Urgencia de amores que vive en los huesos.

Hoy necesito respirar el perfume de vida
que brota de tus blancos cabellos.

Soportando el paso de las horas,

deambulo por los libros de los estantes...

Y entreabro las amarillentas páginas

tratando de hallar una palabra nueva

que de luz a las nieblas de mis tardes.

Analgésico poema en mis rutinas,

leve caricia que arrope mis angustias.

Como si esperase que al menos un verso

se haga rayo interminable en mi conciencia.

Refrescante sinfonía, melodía alegre

en medio del caos de nuestro tiempo.

ASÍ ES LA ESPERANZA

Como una rara gema escondida,
así es la esperanza.
Una esmeralda que refulge en lo recóndito.
Que con cada latido aviva su resplandor.

Como una perla preciosa que se encuentra,
como un tesoro que se descubre,
como un aire fresco en primavera.

Como el pulso de las venas que nos recuerda
que aún estamos vivos, que aún tenemos tiempo.
Así es la esperanza.

Como un pan candeal comido con hambre,
como un vino joven que despierta los sentidos.
Así es la esperanza que nos revive.

Imprescindible como el aire que respiramos
veinticinco veces por minuto.

COMO TANTAS NOCHES

Esta noche, como casi todas las noches,
los ojos notan el peso de las horas
y escuecen al mirar la hoja en blanco,
al dibujarse sobre ella las palabras.

Esta noche, como casi todas las noches,
el silencio se hace espuma en la conciencia
y se rompen en mil fragmentos de cristal
los recuerdos, leve arena, de la jornada.

Esta noche, sí, como siempre por la noche,
se hace un nudo en mi garganta y callo.
No sé decir nada especial de estos días grises
y de la fina lluvia vespertina que nos empapa.

Un día más que se consume en la agenda,
una oportunidad fallida de encontrar belleza
en las rutinas, de asaltar palacios entre fogones,
de componer arias brillantes con las notas desvaídas
de una canción sonando en la radio toda la mañana.

Esta noche, como tantas noches ya pasadas,
la balanza se inclina y pierdo la batalla.
Como tantas noches, esta noche, al acostarme,
esconderé mis miedos encima de la almohada.

ABRO LOS CAJONES

A Margarita Blanco Álvarez

Guardo en los cajones los mecheros,
botones de una camisa que no recuerdo,
el viejo bolígrafo de mi padre,
una agenda de años ya pasados.

Un manojillo de pañuelos de papel,
la cansada petaca de cuero del abuelo,
los caramelos para calmar la tos,
el cargador de un teléfono que ya no tengo...
Las pilas usadas del transistor, tarjetas de visita,
mil y un cachivaches de "por si acaso"...
Todo en su sitio y todo revuelto.

Como en la vida, se acumulan los sucesos
en la mesita de noche de la memoria.
Se amontonan historias, estampas sin velos.
Hay veces que vienen a la mente las fiestas
y sus cantos deslucidos por el tiempo.

Calientan las venas cansadas, iluminan
las viejas fotos, el enamorado recuerdo.
Anteayer releí la carta de una amiga,
tan presente siempre a través del infinito.
Hace tanto tiempo, querida profesora, Margarita,
que te fuiste donde aún no puedo verte...

Y contigo una docena de sombras te escoltan,
un ramo de atardeceres que ya no están,
padre, madre, hermano y algún que otro compañero.
Todos ellos envueltos en el abrazo del silencio.

En que cuaderno se escriben vuestros poemas,
el amor y las risas, los gritos, el dolor y los llantos...

En que baúl se atesoran el apoyo y el cariño,
dónde guardamos los proyectos inconclusos,
el trabajo compartido, los besos que no dimos.

Retahíla de momentos y figuras,
miradas perdidas en el fondo del olvido.
Somos la historia de mil encuentros,
y de una manita de bellos desatinos.

Abro el cajón del corazón para volver
a guardar a buen recaudo todos vuestros brillos.

De vez en cuando torno a acariciarlos

para que me hagan entonar de nuevo el salmo,

el amén, la serena oración de los sencillos.

EN LAS PUPILAS

Restauro las heridas con polvo de oro...
Junto los rotos trozos de mi historia.
Y renuevo con doradas cicatrices su belleza.

Un viejo tarro de perfume se derrama
llenando la estancia con recuerdos,
reviviendo el latir de pasados gozos.

Rescato el frescor de un aljibe de alegrías.

Cuando el dulce aroma del ayer se hace incienso.
Breve caricia en alma, las recobradas sonrisas.

Y tu rostro me regala una débil luz en las pupilas...

LUZ DE INVIERNO

Insólita noche de silencio gélido.
Madrid se cubre de sábanas blancas.

Un sueño quieto y solemne se cierne
sobre los autos, las calles y las plantas.
Hielo y pandemia. Tiritan las farolas.

La nieve oculta las urgencias de los rostros,
escondidos tras gorros y bufandas.

Los sin techo, invisibles en sus cartones,
huyen del frío llenando de alcohol y soledad
los recovecos inhóspitos de la ciudad,
los parques duermen al sereno sus fantasmas.

La piel erizada no rompe distancias.
Luz de invierno en el olvido eterno de nuestras entrañas.

Madrid, Enero de 2021 en medio de la tormenta "Filomena".

EL RITMO DE MIS SILENCIOS

Entre las dalias marchitas de nuestros cementerios,
en el sendero gris, abriendo los cajones,
volviendo a barajar antiguos naipes,
llevando a rastras nuestros recuerdos...

Mastico la indiferencia que marcan los relojes,
aspiro el humo del cigarrillo dejando
caer las manillas de un tiempo breve...,
breve y repleto de tedio.

Un millón de hormigas desfilan,
vencidas, al ritmo de mis silencios.

No son horas de utopías ni de canciones.
Atrás quedan sonatas, marchas y tambores...
La lucha está recostada, sin luz en las farolas.
El mañana abre los pétalos de su futuro escueto.

Cierro despacio las páginas de mi cuaderno,
no entran las palabras secas que cuelgan del tintero.

En el ansia, revuelvo mi cuerpo, como flecha ardiendo.

Busco un rumor suave en que arroparme y escapar,

cierro la puerta y tras correr los cerrojos,

intranquilo, entre edredones viejos, duermo.

El vertedero del alma inquieta ya no se nutre de sueños.

Buscamos la paz, con la guerra a cuestas.

El destino se rinde al calor de los infiernos.

UNA VEZ MÁS

Una vez más cae la noche y se abre el silencio.

Se resguardan las soledades tras las paredes.
Una vez más el cansancio se acumula en la piel
y se entornan los ojos y la conciencia.
Hemos pasado un día más, otra batalla.
Y la sensación de la derrota nos invade,
melancolía de la luz y los encuentros.

Como cada jornada nos refugiamos en nuestros pisos,
-guarida de animales asustados-
Y el sueño enlentece el pensamiento herido.
Encendemos las pantallas para vivir otras vidas,
en la ilusión de escapar de la realidad que nos agobia.

Tras la ventana veo la calle, casi solitaria,
viajan los autos por la carretera mojada.
Un perro da el último paseo nocturno
mientras su amo se fuma también el último cigarrillo.

Vuelven a casa los amantes retardados,
y en sus miradas reposan los anhelos
de una pasión que aún no han perdido.

Una vez más cae la noche y se abre el silencio.

SI NO TENGO AMOR...

Aún cuando la pobreza ilumine mis actos,
habrá un "no sé qué" en el fondo del alma...
Un "todavía no", un "no es eso", un vacío
grande, como un pozo a lo Absoluto.

Aún cuando tenga todos mis papeles en regla
y arreglada la casa, las cosas, la vida...
Habrá un "algo", un "no he llegado".
Un "aún no está todo", tras los sueños,
un "no me llena" con el alma incompleta.

Un insistente aroma a flores de silencio.

Como una brisa, como una fina lluvia
que me cala, que empapa hasta mis huesos
desde el ropaje externo, poco a poco,
hasta la médula de mis sentimientos.

Aún cuando lograse el concepto ideal,
la más hermosa de las frases,
el gesto perfecto y adecuado,
la más firme y suave sonrisa,
el más desgarrado de los gritos,
el más amargo de los llantos.

Aún cuando entre esfuerzos alcanzase
escalar las más altas cimas,
bajar a las fosas más profundas,
tocar la más vibrante de las notas,
salmodiar los más bellos cantos,
componer el más sonoro de mis versos.

Aún cuando al fin de mis días presentare
ante el cosmos mi ser entero, con mi historia,
y anudase en filigranas de oro y plata,
hilos de luz en lejanas nebulosas,
diademas rojas, azules y blancas...

Encendiendo en iris las estrellas,
tocando música de eterno vals,
danzando cada noche entre los rizos
de tu infinita cabellera plateada,
adornando con poemas mi conciencia...
Si no tengo amor..., no soy nada
y nada valgo a pesar de los destellos.

Aunque hablase las lenguas de los hombres
y tuviese el don luminoso de los ángeles...,
acuñando palabras como soles,
fraguando poesías como galaxias...

Si no tengo amor...

AL FIRMAR MI ÚLTIMO CONTRATO

Para qué seguir escribiendo, negro sobre blanco.
Para qué cada día sin sentido, pintar silencios.
Derramar palabras como balas o como nardos.

Decidme, si la gente sigue muriendo,
si la verdad se sigue ocultando...
Para qué adornar con guirnaldas los quebrantos.
Decidme para qué perseguir luciérnagas en el desierto.

Cuál es el motivo de amanecer con la almohada
mojada, escarchada siempre por el llanto.
Dime si alguna vez curaron, de raíz, los versos
el dolor de estar vivos sin esperar nada a cambio.

Presiento la futilidad de todos los cantos.
Y aún así, sigo letra a letra marcando los tiempos.
Restregando mis palabras nerviosas por el fango.

Arrastrando sus sonidos por el limo,
en el veneno de los sueños me paseo.

Por sus veredas oscuras me pierdo,
tratando de arribar a Utopía, el no-país
que nunca, nunca se alcanza.

En el infinito cosmos de mentiras
que nos rodean con su falsa cadencia electrónica
y sus luminosos brillos extraños.

Los sonidos de un poema son canciones
para ocultar a nuestros ojos
la sangre espesa de tanto espanto.

Escribo para que no me alcance la Nada.
Para llegar al final sin que me duela el alma.

Para no ser en mi esqueleto cansado,
retrato de la Muerte y del desencanto.
Para que Caos y Vacío no sean los nombres,
que estampe al firmar mi último contrato.

Escribo para ver un delgado hilo
de envejecida plata en mis cabellos.
Y sonreír ante el espejo viendo mi rostro
aún enamorado de la vida y de la luz.

Aunque escribir ya no sirva de nada.

ES LA POESÍA

Relatar un suceso, narrar una historia.
Arrinconar con palabras una pesadilla.
Domeñar los miedos, cantar con un verso
las esperanzas y los cotidianos deseos.

Explicar un sueño, poner nombres nuevos
a las sombras. Salmodiar los ritmos del viento.
Aposentar con suavidad la luz sobre los aleros
de los daños, de las urgencias y los desvelos.

Refrescar las heridas, curar los dolores.
Pintar en los azulejos un retrato de colores
con que definir en sus reflejos un mundo nuevo.
Sanar las rotas alas con la caricia derramada
del amor que reconstruye siempre el universo.

Saludar alegres al día, no temer a la noche...
Colgar de las farolas encendidas una sonrisa
que dance un vals, ajustar los sombreros
al pensamiento que grita denunciando
en el presente los futuros agujeros.

Abrir las puertas, descorrer las cortinas...
Y que el aire haga bambolear todo lo viejo.

Visitar el hospital, colocar flores en las tumbas
cuando las ausencias se sumergen en la tierra...

Embellecer las cenizas..., sin lágrimas en los ojos.
Aspirar el tibio aroma perfumado de la ternura
del tiempo compartido y bañarse en su recuerdo.

Luchar en mil batallas y aprender en la derrota
que la belleza se esconde en los suburbios,
que las rosas crecen también en los basureros.

Temblar ante los pobres musitando un padrenuestro.

Dejar reposar en el fresco olvido del ayer
todas las arenas ardientes del desierto...
Gozar con la música y encontrar en los silencios
la paz de los sencillos, los salmos verdaderos.

Brindar con un joven vino y celebrar los encuentros.
Compartir en paz con los amigos, las dudas y los besos.
Dejarse hacer sin angustias, disfrutar los tiempos.

Esperar siempre sabiendo que la vida es algo bueno.

Eso y mil cosas que ahora, no sé decir, ni entiendo...

Es la poesía que se pasea en los estantes,
que peligrosamente anda suelta, sin dueños...

Y que en esta tarde gris se enreda entre mis dedos.

INDICE